NOTES

SUR

LES ÉTUDES CORÉENNES

ET JAPONAISES

PAR

M. MAURICE COURANT

EXTRAIT DES ACTES DU CONGRÈS DES ORIENTALISTES

PARIS

IMPRIMERIE NATIONALE

M DCCC XCIX

NOTES

SUR

LES ÉTUDES CORÉENNES

ET JAPONAISES

NOTES

SUR

LES ÉTUDES CORÉENNES

ET JAPONAISES

PAR

M. MAURICE COURANT

EXTRAIT DES ACTES DU CONGRÈS DES ORIENTALISTES

PARIS

IMPRIMERIE NATIONALE

M DCCC XCIX

NOTES

SUR

LES ÉTUDES CORÉENNES ET JAPONAISES.

Le domaine des études extrême-orientales s'est enrichi en ces dernières années de nouvelles provinces : je veux dire, en premier lieu, la Corée qui, après être restée si longtemps isolée et inconnue dans sa péninsule, a attiré sur elle à la fois l'attention des politiques et des érudits; après elle, je nommerai les îles Lieou khieou, qui ont fait l'objet de travaux peu nombreux, mais des plus intéressants. Ces deux pays nous offrent le spectacle de peuples différents des Chinois et qui ont adopté la civilisation chinoise; celui qui veut les étudier doit se souvenir et de la diversité primitive et des emprunts qui ont été faits; ce serait une erreur aussi profonde de les considérer à part de la grande nation civilisatrice de l'Asie orientale, que d'oublier, par exemple, les liens qui unissent Rome à la Grèce, les Persans aux Arabes. Le Japon, qui est voisin, a depuis longtemps fourni matière à des travaux aussi importants pour les savants que pour les artistes : il restait à nos yeux un peu à part, isolé des États du continent. Les derniers événements ont rappelé qu'il n'y a pas loin de Nagasaki à Pou san; pour les jonques d'autrefois, la distance n'était pas grande non plus; les bonzes, les lettrés, les artistes l'ont franchie d'innombrables fois : aussi l'originalité du Japon tel que nous le connaissons, ne doit pas faire oublier les éléments continentaux qu'il a reçus et modifiés; les études japonaises n'ont rien à perdre, au contraire, à être rangées à côté des études coréennes. Au sud et au nord des pays que j'ai nommés se trouvent deux régions peu civilisées, Formose d'un côté, Yeso avec les Kouriles et Sakhalin de l'autre, peuplées de races distinctes, presque vierges de l'influence chinoise; il n'y a aucune raison, en ce qui concerne nos études, de les rattacher au continent; au contraire, il est naturel de les rapprocher du Japon, de la Corée, des Lieou khieou, à cause du voisinage, des liens politiques, peut-être même de rapports plus profonds et que l'on commence à soupçonner.

Ainsi serait délimité un département de l'orientalisme, nouveau en partie, caractérisé d'un côté par la prédominance de la culture chinoise, de l'autre par l'existence de populations indigènes, dont quelques-unes sont apparentées entre elles. Pour fixer à cette région sa place dans la civilisation générale, deux problèmes principaux se posent : préciser la nature et l'étendue de l'influence chinoise; étudier les rapports des races indigènes les unes avec les autres et avec les races environnantes, Malais, Mongols, Mantchous.

J'aurais voulu, dans le présent mémoire, passer en revue les travaux qui ont pour objet cette région extrême de l'Asie orientale : diverses considérations m'ont fait reculer devant un plan aussi audacieux. A quel titre, en effet, moi, qui suis l'un des derniers venus dans ces études, pourrais-je me permettre de juger mes devanciers, par exemple les Missionnaires auteurs de la *Grammaire* et du *Dictionnaire coréen;* ou des précurseurs comme le Dr Pfizmaier, qui a consacré de longues années de labeur à l'étude patiente des choses japonaises; ou encore mon maître en japonais, M. de Rosny, l'introducteur en France des études japonaises, l'un des fondateurs du Congrès des Orientalistes? D'autre part, un travail de bibliographie pure, toujours fort aride, ne saurait être condensé en quelques pages, puisque la liste seule des ouvrages relatifs au Japon a fourni matière à plusieurs volumes.

Ne pouvant espérer d'être complet, je ne le tenterai pas : je renonce à passer en revue même les principales œuvres relatives au coin du globe qui m'occupe : ces principales œuvres sont encore trop nombreuses pour les pages dont je dispose. Je dirai seulement quelques mots d'un certain nombre de ces travaux, ou de ceux qui me sont mieux connus par suite de mes études particulières, par l'effet du hasard qui me les a mis entre les mains; ou de ceux qui me semblent marquer une direction intéressante, signaler un rapprochement original; ou de ceux que je trouve plus faciles à caractériser brièvement. Je ne m'interdirai pas, à l'occasion, d'indiquer une ligne d'études qui, à mon humble avis, serait nouvelle et pourrait être fructueuse. Je tiens à avertir dès à présent mon lecteur de l'irrégularité de mon plan, et je réclame toute son indulgence pour les libertés que je compte prendre.

Plusieurs ouvrages ou articles traitant de la Corée, en général, ont été écrits par le Rev. J. Ross, Ernest Oppert, Maurice Jametel et autres [1]; celui de W. E. Griffis, *Corea, the hermit nation* (Londres, 1882; in-8°), présente un bon tableau sommaire du pays et des mœurs; l'abbé Ch. Dallet a mis au commencement de son *Histoire de l'Église de Corée* (Paris, 1874; 2 vol.

[1] *History of Corea ancient and modern...* by Rev. J. Ross.... Paisley, 1879, in-8°.

A forbidden land, by Ern. Oppert. Londres, 1880; in-8°.

La Corée, ses ressources, son avenir commercial, par Maurice Jametel (*l'Économiste français*, juillet 1881).

Chosön, the land of the Morning Calm, by Percival Lowell. Londres, 1886, in-8°.

Korea von M. A. Pogio... aus dem Russischen übersetzt von St. Ritter von Ursyn-Pruszyński... Wien und Leipzig, 1895; in-8°.

in-8°) deux cents pages d'introduction qui égalent ou dépassent tous les livres précédents en précision et en intérêt. Les œuvres de ce genre, décrivant tout un pays, restent forcément un peu dans le vague; elles ont cependant une valeur réelle lorsqu'il s'agit d'une contrée neuve, comme était la Corée jusqu'à ces derniers temps, ou lorsque, au contraire, elles traitent d'un pays suffisamment étudié : elles en donnent une idée générale qui fraye la voie à des études plus spéciales ou qui résume les travaux déjà faits.

C'est de la même façon que les relations de voyage nous intéressent, lorsqu'elles ont trait à une région inexplorée, ou lorsqu'elles renferment des détails inconnus sur une contrée et ses habitants : le naufrage du yacht *de Sperwer* sur la côte de Quelpaërt (1653) et la captivité en Corée de Hendrick Hamel et de ses compagnons nous ont valu, comme l'on sait, la première description de ce pays qui ait été faite *de visu* [1]; et c'est encore à la croisière du sloop *Providence* (1795-1798), aux voyages maritimes de Gützlaff (1832, 1833), à l'expédition du *Samarang* (1843-1846), à la perte du *Narwal* (1851) et au voyage de MM. de Montigny et Kleczkowski pour recueillir les naufragés, enfin aux descentes opérées par les Français en 1866, par les Américains en 1871, que nous devons une bonne partie des renseignements obtenus avant l'ouverture du pays. D'autre part, un Coréen qui faisait partie de l'ambassade envoyée chaque année à Péking (1783), était entré en relations avec Mgr de Gouvea, évêque de cette ville, et avait rapporté dans son pays des livres chrétiens; à la suite de ce fait, un prêtre chinois fut envoyé pour évangéliser la Corée (1794) : les *Nouvelles Lettres édifiantes* (tome V, 1820) renferment une

---

[1] *Journael van de ongeluckige Voyagie van 't Jacht de Sperwer van Batavia gedestineert na Tayowan in 't Jaar 1653... door de Boeckhouder... Hendrick Hamel van Gorcum...; tot Rotterdam... 1668, in-4°* (plusieurs éditions et traductions).

Relation de l'établissement du christianisme dans le royaume de Corée,
rédigée par M. de Gouvea, évêque de Pékin, en 1797. Cette lettre
est la première pièce d'une série de mémoires [1], où les
missionnaires racontent les difficultés qu'ils rencontrèrent pour
pénétrer en Corée, la vie cachée qu'ils menaient dans le pays,
les dangers qu'ils couraient, les persécutions qu'ils avaient à
souffrir. Celles de 1839 et de 1866 furent particulièrement
terribles et le massacre des prêtres et des évêques amena la
descente des marins français à Kang hoa. L'histoire de ces
travaux et de ces martyres a été écrite d'une façon attachante
par l'abbé Ch. Dallet dont j'ai cité l'ouvrage; il nous fait connaître la Mission de Corée jusqu'après l'expédition française :
à cette époque, il ne restait plus de prêtres dans la péninsule
et ce n'est que bien plus tard qu'ils parvinrent à rentrer
subrepticement.

Parmi les ouvrages antérieurs à l'ouverture du pays, je ne
dois pas manquer de mentionner aussi les traductions de textes
chinois ou japonais, le *San kokf tsou ran to sets*, de Klaproth
(Paris, 1832; in-8°), le *Journal d'une mission en Corée*, traduit
du chinois par F. Scherzer (*Recueil d'itinéraires et de voyages dans
l'Asie centrale et en Extrême-Orient*, Paris, 1878; in-8°), etc.

Depuis lors, et à la suite du traité japonais-coréen de 1876,
diverses puissances entrèrent en relations diplomatiques avec
la Corée; un traité avec les États-Unis fut signé en 1882; un
traité avec la France, conclu en 1886, fut ratifié l'année sui-

---

[1] *Annales de la Propagation de la Foi*, tomes VI, 1833; VII, 1834; VIII,
1835; IX, 1836; XI, 1839; XIII, 1841; XVI, 1844; XVIII, 1846; XIX, 1847;
XX, 1848; XXI, 1849; XXIII, 1851; XXV, 1853; XXVI, 1854; XXVIII, 1856;
XXIX, 1857; XXX, 1858; XXXI, 1859; XXXII, 1860; XXXIII, 1861; XXXV,
1863; XXXVIII, 1866; XXXIX, 1867; XL, 1868; LI, 1879; LII 1880; LIV,
1882; LV, 1883; LVII, 1885; LVIII, 1886; LIX, 1887; LX, 1888; LXI, 1889,
LXIII, 1891.

vante [1] : la Corée était ouverte. Auparavant déjà, un agent diplomatique français, Maurice Jametel, s'étant rendu par mer à Pou san, avait publié ses notes en une petite brochure [2]. Le premier Français qui voyagea par terre dans ce pays fut Charles Varat; il arriva peu après l'installation de notre représentation officielle à Seoul, traversa la péninsule de cette ville jusqu'à Pou san et publia le récit de cette excursion dans le *Tour du Monde* [3]; la riche collection qu'il avait recueillie avec l'aide de notre chargé d'affaires, M. Collin de Plancy, est aujourd'hui déposée au Musée Guimet. De nombreux voyages dans l'intérieur du pays ont été accomplis par MM. J. C. Hall, S. B. Bernerston, W. R. Carles, J. D. Rees, J. S. Gale, H. Goold-Adams, E. von Hesse-Wartegg; de la plupart, les auteurs eux-mêmes ont rendu compte dans des périodiques, tels que *Proceedings of the Royal geographical Society; Journal of the American geographical Society; Asiatic quarterly Review; Bulletin de la Société de géographie de Paris; Bulletin de l'Institut égyptien; Korean Repository* [4], etc; quelques-uns ont fait l'objet de publications spéciales. Je signalerai comme particulièrement intéressants l'excursion à Quelpaërt du colonel Chaillé-Long bey, le premier Occidental qui ait pénétré dans cette île depuis Hendrick Hamel [5], et les voyages à la montagne sainte du Păik tou san accompli successivement par M. Ch. W. Campbell [6] et par les capitaines A. E. J.

---

[1] Outre les publications officielles relatives à ces traités, je signalerai le volume suivant : *China, Imperial maritime customs*, III, Miscellaneous series, n° 19. *Treaties, regulations... between Corea and other Powers, 1876-1889.* Shanghai, 1891; in-4°.

[2] *La Corée avant les traités...* Paris, 1885; in-8°.

[3] *Voyage en Corée* (7 mai 1892).

[4] Périodique mensuel publié à Seoul pendant l'année 1892 et depuis 1894.

[5] *La Corée ou Tchösen...* Paris, 1894; in-4° (*Annales du Musée Guimet*).

[6] *A Journey through North Korea to the Ch'ang pai shan* (*Proceed. of the Roy. Géogr. Soc.*, March 1892).

Cavendish et H. E. Goold-Adams[1], dans des régions sauvages
redoutées même des Coréens.

Malgré tout, la péninsule coréenne n'a pas encore été assez
complètement parcourue pour que nous en ayons une carte
tout à fait exacte; les Coréens ont dressé de leur pays en 1861
une carte de grande échelle[2], remarquable si l'on songe à
l'imperfection des procédés employés, et fort utile pour ceux
qui voyagent dans le pays : mais elle n'a pas l'exactitude scien-
tifique que nous réclamons; aussi presque toutes les cartes
faites d'après les documents indigènes laissent-elles à désirer.
Ce sont les Japonais qui ont fait les relevés des côtes les plus
étendus et qui ont tracé à l'intérieur les plus nombreux itinéraires : je ne suis malheureusement pas en mesure de donner
une liste de ces cartes très importantes, n'ayant pas eu le loisir,
pendant mon séjour au Japon, de m'occuper de cette question.
Très précieux pour celui qui veut étudier sur les textes la géographie coréenne est un volume in-8°, publié en 1883 sous le
titre de *Manual of Korean geographical and other proper names
romanized;* il ne porte pas de nom d'auteur, mais il est dû, je
crois, à Sir Ernest Satow; pour chaque nom géographique, il
donne la transcription et les caractères chinois. Suivant le même
plan est conçu l'Appendice géographique annexé par les Missionnaires de Corée à leur *Dictionnaire coréen-français* dont je
parlerai plus loin. Enfin, sur la géographie chez les Coréens,
il me reste à citer la *Description d'un atlas sino-coréen manuscrit
du British Museum,* due à M. Henri Cordier (in-folio; Paris,
1896) et renfermant de belles reproductions des cartes origi-
nales. Je remarque en passant que presque rien n'a été fait
pour la géologie, la botanique, la zoologie de la Corée.

---

[1] *Korea and the Sacred White Mountain. . .together with an Account of an As-
cent of the White Mountain.* London, 1894; in-8°.

[2] Cf. Maurice Courant, *Bibliographie coréenne,* n° 2196.

Plusieurs des voyageurs que j'ai nommés, ont fait connaître sur les mœurs des Coréens des détails souvent intéressants, parfois inexacts : il faut avouer que, même après un séjour prolongé dans un pays d'Extrême-Orient, il est souvent difficile d'interpréter exactement une série d'actes, à plus forte raison de distinguer le vrai du faux dans les assertions d'un indigène; le seul qui soit sans erreur est celui qui n'a jamais rien conté, rien écrit. C'est dans l'introduction à l'*Histoire de l'Église de Corée* que je trouve l'un des meilleurs tableaux des coutumes coréennes; M. E. H. Parker a donné dans le *China Review* plusieurs monographies sur le mariage, l'étiquette, les poids et mesures en Corée; le *Korean Repository* a publié un assez grand nombre d'articles sur des sujets analogues; ils sont presque tous dus à des missionnaires américains ou anglais, que leur ministère met autant que personne à même de voir la vie des indigènes : noterai-je chez plusieurs de ces ecclésiastiques une tendance à rester à la surface des choses et à admettre trop facilement les contes du premier Coréen venu? Les collections coréennes du Musée national des États-Unis (Smithsonian Institution) ont donné lieu à la publication de catalogues illustrés [1]; elles ont, sans aucun doute, aidé à la composition de l'ouvrage de M. Stewart Culin sur les jeux coréens [2], qui renferme des planches d'après nature et d'après des dessins indigènes et que rendent particulièrement intéressant les nombreux rapprochements faits par l'auteur. F. Scherzer a fait paraître dans le *Journal asiatique* (1885, 1886) la traduction d'un mémoire

---

[1] P. L. Jouy, *The Collection of Korean mortuary pottery* (Smithsonian Report for 1888). Washington, 1890.

The Bernadou, Allen and Jouy Corean collections in the U. S. National Museum, by Walter Hough (*Report of the U. S. National Museum for 1891*). Washington, 1893; in-8°.

[2] *Korean Games,* by Stewart Culin. Philadelphia, 1895; in-8°.

considérable sur la Corée[1], dû au pinceau d'un Coréen de la fin du xv° siècle et qui renferme des renseignements précieux sur les coutumes et l'administration de l'époque. Sir E. Satow, en diverses études : *Korean potters in Satsuma*[2], *On the early history of printing in Japan*[3]; *Further notes on the movable types in Korea and early Japanese printed books*[3]; M. W. G. Aston, avec son article : *Writing, printing and the alphabet in Corea*[4], ont contribué à éclairer l'histoire de l'industrie en Extrême-Orient. M. H. N. Allen n'a pas moins fait pour le folk-lore et la littérarature populaire avec ses traductions de contes coréens[5]; en français, deux romans, adaptés plus que traduits, l'un, par MM. J.-H. Rosny avec l'aide du Coréen Hong Tjyong ou, l'autre par ce dernier seul[6], nous permettent de nous faire une idée partielle de la littérature coréenne. D'autres travailleurs se sont attaqués à la question de l'origine de l'écriture[7], à celle de l'invention de l'imprimerie en Corée, à d'autres encore, religieuses, économiques[8], politiques : un tableau étendu de la littérature coréenne a été tracé[9]. Mais, malgré la multiplicité de l'effort, il reste beaucoup à faire pour préciser ce que

[1] *Tchao sien tche. Mémoire sur la Corée*, par un Coréen anonyme.

[2] *Transactions of the Asiatic Society of Japan*, VI, 1878.

[3] *Id.*, X, 1882.

[4] *Journal of the Royal Asiatic Society*, 1895.

[5] *Korean Tales being a collection of stories translated.* New-York and London, 1889; in-8°.

[6] J.-H. Rosny, *Printemps parfumé.* Paris, 1892; in-24.

Le Bois sec refleuri, roman coréen traduit par Hong Tjyong ou. Paris, 1895; in-18 (*Annales du Musée Guimet*); avec une introduction pleine d'erreurs.

[7] *Bibliographie coréenne*, Introduction, III. — *Note sur les différents systèmes d'écriture employés en Corée*, par Maurice Courant (*Transactions of the Asiatic Society of Japan*, XXIII; 1895).

[8] Maurice Courant, *Note historique sur les diverses espèces de monnaie qui ont été usitées en Corée* (*Journal asiatique*, 1893).

[9] *Bibliographie coréenne. Tableau littéraire de la Corée*, par Maurice Courant. 3 vol. grand in-8°. Paris, 1894-1896.

nous savons déjà, marquer le rôle du bouddhisme dans le développement du pays, étudier les classes de la société et leur origine, les arts avec leurs périodes de splendeur, rechercher quels sont les procédés industriels spéciaux à la contrée et quels sont ceux qui sont venus du dehors.

Ces différentes questions confinent à l'histoire politique; de ce côté aussi, un champ bien vaste reste à parcourir : à part une liste des rois et des dynasties[1], quelques études sur des périodes très brèves[2], dont plusieurs ont paru dans le *Korean Repository*, il n'y a presque rien. D'ailleurs les travaux publiés sont de valeur très inégale et trop souvent les auteurs semblent poser en axiome la bonne foi, l'exactitude des écrivains ou des lettrés coréens et oublier combien la critique est nécessaire en pays d'Orient. M. E. H. Parker a fait paraître un intéressant article sur l'histoire ancienne de la Corée [3]; mais les résultats auxquels il arrive ont soulevé quelques protestations. Plusieurs savants japonais ont étudié la même période : d'autres, Japonais, Américains, Européens, ont fait l'histoire des campagnes japonaises du xvie siècle. L'archéologie, l'épigraphie pourront donner quelque lumière pour ces recherches et les documents ne manqueront point : bien des inscriptions, la plus ancienne datant du ve siècle de l'ère chrétienne [4], ont été recueillies; il en reste sans doute beaucoup à relever sur les sites des an-

[1] L. Nocentini, *Names of the sovereigns of the old Corean states, and chronological Table of the present dynasty* (*Journal of the China Branch Royal Asiatic Society*, XXII, new series, 1887). Voir aussi les listes des souverains, dans la *Bibliographie coréenne*, n°s 1863, 1864 et 1910.

[2] Par exemple, C. Imbault-Huart, *Mémoire sur les guerres des Chinois contre les Coréens, de 1618 à 1637* (*Journal asiatique*, 1879).

[3] *On race struggles in Corea* (*Transactions of the Asiatic Society of Japan*, XVIII, 1890).

[4] Maurice Courant, *Stèle chinoise du royaume de Ko kou ryo* (*Journal asiatique* 1898).

ciennes capitales, dans la vallée du Ya lou, dans les environs de Hpyeng yang, dans ceux de Kyeng tjyou; des fouilles seraient difficiles à l'heure présente ; peut-être deviendront-elles possibles un jour. La préhistoire, la géographie historique, l'ethnographie ont aussi plus d'une découverte à faire dans ce pays, qui a été lié de si près au sort de la Mantchourie et de la vallée de l'Amour, l'une des grandes officines de peuples de l'Asie orientale.

Les linguistes auront aussi sur ce point leur mot à dire : l'histoire de la langue coréenne sera bien difficile à faire, puisqu'elle n'a pas été écrite avant le xve siècle; des documents de divers genres pourront cependant aider dans cette tâche ardue. Quant à la place du coréen entre les diverses familles de langues, si elle n'est pas absolument fixée, toutefois un remarquable travail de M. W. G. Aston[1] permet de la marquer avec probabilité assez près du japonais; mais il faudra préciser les rapports entre ces deux langues, et aussi entre le coréen, le mantchou et le mongol. Ces études peuvent déjà s'appuyer sur plusieurs travaux grammaticaux et lexicographiques : je rappelle ici, en raison de leur priorité, les publications de Siebold[2], curieuses pour l'époque; mais, depuis que les études pratiques sont devenues possibles, on a vu paraître le *Dictionnaire coréen-français*, par les Missionnaires de Corée (grand in-8°, 1880; Yokohama), contenant une liste copieuse des formes verbales, et la riche *Grammaire coréenne* des mêmes Missionnaires (grand in-8°, 1881; Yokohama); ce sont des œuvres dignes de tout éloge, surtout si l'on songe aux circonstances défavorables où

[1] *A comparative Study of the Japanese and Korean languages* (*Journal of the Royal Asiatic Society*, new series, XI; 1879).

[2] *Bibliotheca Japonica*, publiée à Leyde; III et IV. *Tsiän dsu wên, sive Mille literæ ideographicæ... cum interpretatione Kooraiana, annexo systemate scripturæ kooraianæ.* 1840; in-folio. — *Lui ho, sive Vocabularium sinense in kôraianum conversum... annexa appendice vocabulorum kôraianorum, japonicorum et sinensium comparativa.* 1838; in-folio.

se trouvaient les auteurs, qui étaient alors exilés en Mantchourie et n'avaient à leur disposition aucun ouvrage indigène :
les Coréens, en effet, n'ont jamais fait la grammaire de leur
langue et ne possèdent que quelques lexiques chinois-coréens
très incomplets. Ces deux volumes ont été suivis récemment
des travaux de M. James Scott[1] et de M. Jas. S. Gale[2]. Ces
ouvrages de la première heure permettront une étude raison-
née de la langue coréenne; il faudrait maintenant, pour le dictionnaire, recueillir un plus grand nombre de mots, donner
des exemples plus copieux, diviser les sens différents, distinguer les expressions d'origine chinoise et, parmi elles, celles
qui ont été introduites anciennement des plus récentes; pour
la grammaire, renoncer aux cadres de la grammaire européenne qui ne conviennent absolument pas au coréen, adopter
un plan analogue à celui qu'ont suivi pour leur langue les
grammairiens japonais, analyser et classer les formes du verbe :
voilà la tâche qui s'impose d'abord et dont l'achèvement per-
mettra d'aborder dans de meilleures conditions les problèmes
linguistiques.

On le voit, linguistique, ethnographie, archéologie, histoire,
sciences naturelles, géographie, presque tout est à faire, et rien
n'est plus naturel, puisque les études coréennes ne sont possibles sur place que depuis si peu d'années; dans plus d'une
branche, il existe déjà d'excellents travaux : les Japonais,
comme les Occidentaux, ont travaillé à préparer le terrain où
pourront construire les ouvriers de l'heure prochaine. Qu'il
me soit permis de souhaiter que ceux-ci viennent en nombre;
et puisse le public savant apprendre à connaître la place de la
Corée parmi les races, le rôle qu'elle a joué depuis le IVe siècle

---

[1] *A Corean Manual or phrase book.* Shanghai, 1887; in-8°.
English-Corean Dictionary. Seoul, 1891; in-4°.
[2] *Korean grammatical forms.* Seoul, 1894; in-8°.

de notre ère, recevant, assimilant, transmettant tour à tour la
religion, la forme sociale, l'art, l'industrie, en un mot la civilisation.

En laissant la Corée pour le Japon, nous quittons une terre
presque vierge et nous abordons à une côte hospitalière et
explorée; c'est surtout ici que je me bornerai à marquer
quelques directions, à noter quelques noms, en rappelant au
lecteur de ne conclure de mon silence ni à un oubli, ni à une
opinion défavorable : la matière est trop riche. Des écrits indigènes antérieurs ou postérieurs à la Restauration, je ne dirai
rien, puisque je m'occupe des travaux des Orientalistes; il serait
pourtant intéressant d'étudier le développement presque sou-
dain pris par la presse organisée à la façon européenne, d'indiquer ces livres, ces revues, ces journaux, tout ce qui s'im-
prime en japonais d'abord, mais aussi en anglais, en français,
en russe, en allemand. Mais, en me limitant à l'étude du Japon
par les Européens, j'ai encore un champ bien vaste, tellement
sont nombreux les auteurs de tous genres qu'a attirés le Japon
depuis une quarantaine d'années : je n'en veux pour preuve
que la *Bibliographie japonaise* de M. von Wenckstern[1], suivie
de la réimpression de celle de Léon Pagès; elle fait plus de
400 pages grand in-8°; encore l'accuse-t-on de n'être pas complète. Mais une bibliographie est-elle jamais complète? et, telle
qu'elle est, celle-ci rend des services.

Dans cette littérature relative au Japon, une distinction
s'impose entre deux périodes qu'il est impossible de délimiter
exactement, mais qui sont séparées à peu près par la Restaura-

---

[1] *A Bibliography of the Japanese Empire...by Fr. von Wenckstern, to which
is added a fac-simile reprint of : Léon Pagès, Bibliographie japonaise.* Leiden, 1895;
grand in-8°.

La *Bibliographie japonaise* de Pagès forme 1 volume in-4°. Paris, 1859.

tion impériale et la plus large ouverture du Japon aux étrangers : les œuvres récentes sont pour la plupart des études spéciales, relatives à un point précis et assez resserré de la géographie, de l'histoire, de la civilisation japonaises; dans la période ancienne, les publications étaient presque toutes des études générales ou des récits de voyage, exposant avec plus ou moins d'ordre et de détail l'ensemble des notions que l'on avait sur le pays; lorsque ces notions étaient peu nombreuses, en effet, elles pouvaient plus facilement être embrassées par un seul auteur, ce qui serait impossible aujourd'hui.

Pourtant, dès le premier âge des études japonaises, la langue a fait l'objet de travaux spéciaux : c'est ainsi qu'il nous faut saluer en passant les noms de quelques missionnaires des xvie et xviie siècles, les PP. Calepini, Rodriguez, Collado[1]; ils ont eu bien plus tard pour successeur Siebold, dont la *Bibliotheca Japonica*, publiée avec l'aide de J. Hoffmann, renferme trois œuvres lexicographiques[2] et dont un *Epitome linguæ japonicæ* avait paru dès 1826 (in-8°, Batavia); enfin, au seuil de

---

[1] *Dictionarium latino-lusitanicum et japonicum, ex Ambr. Calepini volumine depromptum* In Amacusa, 1595; in-4°.

Vocabulario da lingua de Japam com a declaração em portuguez, feito por alguns Padres e Irmãos da Companhia de Jesu... Nangasaki, 1603; in-4°.

Arte da lingoa de Japam, composta pello P. João Rodriguez. Nangasaki, 1604; in-4°.

Arte breve da lingoa Japoa...pello P. Joam Rodriguez... Macao, 1620. Petit in-4° (ce dernier traduit en français par Landresse, avec explication des syllabaires par Abel Rémusat. Paris, 1825 ; petit in-4°).

Vocabulario del Japon declarado primero en portuguez, por los PP. de la C. de J. Manila, 1630; in-4°.

Ars grammaticæ japonicæ linguæ, composita a Fr. Didaco Collado..... Romæ, 1632; in-4°.

[2] *Sin zoo zi lin gjok ben. Novus et auctus literarum ideographicarum thesaurus...* Lugduni Batavorum, 1834; in-folio.

Wa kan won seki sjo gen zi ko. Thesaurus linguæ japonicæ, 1835; in-folio.

Tsiän dsu wén, sive Mille literæ ideographicæ (cité plus haut).

l'âge contemporain, vers l'époque des premiers traités avec le Japon, nous trouvons comme pionniers quelques hommes dont les uns ont disparu, tandis que les autres sont encore debout : Sir R. Alcock, Léon Pagès, le Dr Pfizmaier, M. de Rosny [1].

Les lexiques en diverses langues qui ont paru depuis lors sont très nombreux; mais le dictionnaire le plus usuel et le plus complet est celui de J. C. Hepburn, qui a eu quatre éditions de 1867 à 1888 [2]; dans la partie japonaise-anglaise, on pourrait souhaiter une analyse plus précise du sens, ainsi que des exemples plus nombreux avec l'indication des sources; la partie anglaise-japonaise, beaucoup plus condensée, n'est pas d'un usage bien pratique, malgré l'Index de M. W. N. Whitney [3]. Les excellents dictionnaires publiés par les Japonais pour leur propre langue pourront, avec le dictionnaire d'Hepburn, servir de base à un travail lexicographique plus complet et qui serait bien utile aux japonisants; le capitaine Brinkley a donné, cette année même, un dictionnaire japonais-anglais que je n'ai pas encore reçu. Le dictionnaire en trois volumes publié par

[1] Je ne cite que quelques ouvrages de Sir R. Alcock et de Léon Pagès, moins connus, il me semble :

Elements of Japanese Grammar for the use of beginners... Shanghai, 1861; in-8°.

Familiar Japanese dialogues... London, 1863; in-8°.

Dictionnaire japonais-français... *traduit du Dictionnaire japonais-portugais imprimé en 1603 à Nangasaki*... publié par Léon Pagès. Paris, 1862-1868; in-4°.

Essai de grammaire japonaise, composé par M. J. H. Donker Curtius traduit du hollandais avec de nouvelles notes, par Léon Pagès. Paris, 1861; in-4°.

Dictionnaire français-anglais-japonais, composé par M. l'abbé Mermet de Cachon et publié par les soins de M. A. Le Gras et de M. Léon Pagès (1re livraison seule parue). Paris, 1866; in-8°.

[2] 1re édition : Shanghai, petit in-4°; 1867.

2e édition : Shanghai, in-8°; 1872.

3e édition : Tokyo, in-8°; 1886.

4e édition : Tokyo, in-8°; 1888.

[3] *Index of Chinese characters in Hepburn's Dictionary*. Tokyo, 1888; in-8°.

M. J. H. Gubbins[1] d'une grande précision de sens, prête au traducteur un secours précieux pour la partie du vocabulaire à laquelle il est consacré; il constitue en même temps une étude philologique intéressante, isolant, comme il le fait, la plupart des mots chinois qui ont passé dans le japonais. La connaissance philologique du japonais est d'ailleurs assez avancée, grâce aux travaux de MM. W. G. Aston, B. H. Chamberlain, de Sir E. Satow au sujet de textes anciens et de variétés dialectales, aussi bien que sur la grammaire générale : je rappelle à ce propos l'étude de M. Aston sur les rapports du coréen et du japonais, qui a été citée plus haut, et je parlerai plus loin de la grammaire loutchouane de M. Chamberlain. Une grande partie de ces recherches linguistiques ont paru dans les *Transactions of the Asiatic Society of Japan*, depuis 1872 [2]; d'autres ont été publiées dans les *Mittheilungen der deutschen Gesellschaft für Natur- und Völkerkunde Ostasiens*, depuis 1873 [3]; d'autres encore forment des ouvrages séparés [4]. Enfin une œuvre

[1] *A Dictionary of Chinese-Japanese words in the Japanese language.* London and Tokio, 1889; in-8°.

[2] Chamberlain, *On the use of «pillow words» and plays upon words in Japanese poetry* (V, 1877). — *On the mediæval colloquial dialect of the comedies* (VI, 1878). — *Notes on the dialect spoken in Ahidzu* (IX, 1881). — *On the various styles used in Japanese literature* (XIII, 1885). — *What are the best names for the «bases» of Japanese verbs?* (XVIII, 1890).

C. H. Dallas, *The Yonezawa dialect* (III, 1876).

Sir E. Satow, *Reply to Dr. Edkins on the Japanese letters* chi *and* tsu (VIII, 1880).

Chamberlain and Ueda, *Vocabulary of the most ancient words of the Japanese language* (XVI, 1888).

[3] Dr. K. A. Florenz, *Alliteration in japanischer Poesie* (V, 47, 1892).

C. Munzinger, *Die Psychologie der japanischen Sprache* (VI, 53, 1894).

[4] Sir E. Satow, *Kuaiwa hen. Vingt-cinq exercices dans le dialecte de Yédo.* Yokohama, 1873; in-12.

Rev. W. Imbrie, *Handbook of English-Japanese etymology.* Tokyo, 2° édition, 1889; in-8° (1re édition, 1880).

B. H. Chamberlain, *A simplified Grammar of the Japanese language modern*

qui mérite une attention toute spéciale est la Grammaire de
la langue écrite, publiée par M. Aston en 1877 (Yokohama,
in-4°) : sous un petit volume, elle condense tout l'essentiel
des diverses formes revêtues successivement par la langue
japonaise et en démontre, avec une parfaite clarté, tout le
mécanisme si régulier.

Je dois ajouter que les ouvrages pour l'enseignement de la
langue parlée, dont je cite quelques-uns en note, ne me semblent pas tout à fait à la hauteur de ceux qui traitent de la
langue écrite : je ne trouve pas, par exemple, de ces excellents
recueils de dialogues comme il en existe quelques-uns pour
le chinois, qui donnent des conversations de tous genres entre
interlocuteurs appartenant à toutes les classes de la société,
joignent au texte indigène une transcription européenne et
une traduction, et ajoutent des notes relatives aussi bien à la
grammaire qu'aux mœurs du pays, lorsque l'occasion s'en présente; je sais bien que, si les auteurs d'ouvrages élémentaires
ne donnent presque jamais le texte indigène, c'est intention-
nellement; mais, à mon avis, il faut, pour comprendre le japonais, être en état de le lire. Et, puisque l'occasion a amené
sous ma plume l'expression d'un regret, je vais en avouer un
autre qui est relatif à une question de philologie : je trouve
bien naturel que, pour la transcription d'une langue étrangère,
un Allemand emploie les lettres avec une valeur allemande et
qu'un Anglais leur donne un son anglais; mais je ne puis comprendre d'où vient le système de transcription du *Romaji kai*,
qui n'est ni allemand, ni anglais, ni à coup sûr français; qui
ne correspond pas à la prononciation actuelle; qui ne tient

written style. London, 1886; in-8°. —— *A Handbook of colloquial Japanese*. London,
1888; in-8°.

  R. Lange, *Einführung in die japanische Schrift*. Stuttgart und Berlin, 1896; in-8°.
—— *Lehrbuch der japanischen Umgangssprache*. Stuttgart und Berlin, 1890.

aucun compte des relations naturelles des sons; qui constitue
pour l'étudiant une cause de confusions constantes : il est bien
osé à moi d'exprimer si ouvertement mon étonnement sur une
méthode adoptée aujourd'hui par les plus éminents des japonisants; mais je manquerais de sincérité, si je dissimulais. Quant
aux publications des sociétés du *Romaji* et du *Kana* (*Romaji kai*
et *Kana no kai*), je n'en parlerai pas : ces deux associations
avaient espéré substituer à l'écriture classique du japonais,
semi-idéographique, semi-syllabique, l'emploi unique ou des
caractères latins ou des kana; mais la langue japonaise renferme
une telle quantité d'homophones d'origine chinoise, que ces
tentatives ont avorté.

Les œuvres anciennes de la littérature japonaise ont fourni
matière à d'importantes études linguistiques, en même temps
qu'à des traductions : je citerai, par exemple, le *Ko zi ki* de
M. Chamberlain, le *Nihon gi* de M. Aston et celui du D\ Florenz,
les *Ancient Japanese Rituals*[1] de Sir E. Satow, le *Tosa nikki*[2] de
M. Aston et plusieurs extraits des vieux recueils poétiques.
D'autres auteurs, dans des traductions plus libres ou dans des
adaptations, ont fait connaître au lecteur européen Wasōbyōe,
le Gulliver japonais[3], l'*Histoire des quarante-sept rônins* (plusieurs traductions), le *Genji monogatari*[4]; le théâtre a été spé-
cialement étudié par MM. Guimet et Régamey[5], von Langegg[6],
Lequeux[7]. La littérature, ses tendances et son histoire ont fait

[1] *Asiatic Society of Japan,* VII, 1879; IX, 1881.
[2] Même recueil, III, 1874.
[3] B. H. Chamberlain, *Asiatic Society of Japan*, VII, 1879.
[4] Traduction par Suyematz Kenchio. Londres, 1882; in-8°.
[5] *Le théâtre au Japon.* Paris, 1886.
[6] *Alte japanische Dramen* (*Magazin für die Literatur des In- und Auslandes;*
1863, Leipzig; in-4°).
[7] *Le théâtre japonais.* Paris, 1889; in-8°.

l'objet de deux articles du Dr Florenz[1] et d'un excellent résumé de Sir E. Satow[2]. Les *Tales of old Japan* de M. A. B. Mitford (Londres, 1871, 2 vol.), avec leurs excellentes notes et leurs explications copieuses et précises, nous font saisir sur le vif les mœurs de l'ancien Japon, que nous découvrent déjà les œuvres purement littéraires. C'est dans le Japon d'aujourd'hui, avec ses nouveautés et avec ce qu'il conserve d'antique, que nous fait entrer M. Lafcadio Hearn[3] : d'un style séduisant, d'une pénétration acérée, ses deux volumes nous révèlent l'âme des hommes et des choses du Japon. Je me suis demandé parfois si M. Hearn ne découvre pas un peu plus qu'il n'y a; mais ses découvertes sont charmantes et elles dépassent de peu la réalité. La pensée religieuse des Japonais nous est connue par diverses études sur le sintoïsme et le bouddhisme[4]. Les *Cent proverbes japonais* de M. Steenackers (Paris, 1885, in-4°, illustré), les Proverbes du Dr Lange[5], ceux de M. P. Ehmann[6], l'Histoire du costume japonais, de M. J. Conder[7], de nombreux articles sur les jeux, le mariage, les coutumes journalières[8], les publications officielles sur l'éducation[9] nous ont révélé en partie la vie du peuple japonais. On n'ignore pas l'influence

[1] *Japanische Literatur der Gegenwart* (*Mitth. Deutsch. Ges.*, V, 47, 1892). — *Zur Psychologie des japanischen Witzes* (même recueil, V, 49; 1892).

[2] *Japanese literature* (Vol. IX *of the American Cyclopaedia*) New-York, 1874. — Reprinted privately. Petit in-8°, 1890.

[3] *Glimpses of unfamiliar Japan.* Boston and New-York, 1894; 2 vol. in-8°.

[4] Sir E. Satow, *The revival of pure Shintau* (*As. Soc. of Japan*, III, appendix; 1874). — *The Shinto temples of Ise* (même recueil, II; 1873-1874). — *Ancient Japanese Rituals* (déjà cité).

[5] *Mitth. Deutsch. Ges.*, I, 4, 8, 9, 10; II, 20; 1874-1880.

[6] Même recueil, supplément; in-8°; 1897.

[7] *Asiatic Society of Japan*, VIII et IX; 1880 et 1881.

[8] *Le Japon pratique*, par Félix Régamey. Cent dessins par l'auteur. Paris, s. d.; in-12.

[9] *An outline history of Japanese education* ... reprinted 1878. Tokio, 1877; in-12.

exercée en Europe par l'art japonais, qu'ont fait apprécier des publications comme le *Japon artistique* de M. S. Bing[1], *L'art japonais* de M. L. Gonse[2], *The pictorial art of Japan*, par M. W. Anderson (Londres, 1886) et bien d'autres; l'on connaît moins les œuvres plus techniques, mais bien précieuses, consacrées à l'étude de la céramique ou de la musique, à l'art des bouquets ou aux industries qui, au Japon, touchent de près à l'art[3] : les émaux, la laque, la métallurgie, l'architecture, l'agriculture, la sériciculture ont trouvé leurs historiens.

Avec ces travaux sur les arts et les industries, nous atteignons presque l'histoire proprement dite; l'archéologie, l'étude de l'ancienne législation et de ses révolutions nous y font entrer tout à fait; d'ailleurs la limite est flottante entre l'histoire de l'art, qui remonte jusque vers le viiie siècle, et l'archéologie dont les monuments, descendant jusqu'aux temps historiques, nous conduisent d'autre part, avec les restes préhistoriques, jusqu'à l'« âge des dieux ». Ces recherches nous font connaître l'existence, dans le Japon central et peut-être méridional, de diverses races, entre autres des Aïnos sur lesquels j'aurai à revenir. Il semble d'ailleurs que, malgré quelques bons articles de MM. Chamberlain, Satow et autres, les études archéologiques n'aient été jusqu'ici que peu cultivées par les étrangers. L'ad-

---

[1] Paris, 1889-1890; 3 vol. in-4°.

[2] Paris, 1883; 2 vol.

[3] Sir W. Franks, *Japanese pottery, being a native report with an introduction and catalogue*. Londres, 1880; in-8°, illustré.

F. T. Piggott, *The Music and musical instruments of Japan*. Londres, 1893; in-4°, illustré.

J. J. Rein, *The Industries of Japan together with an account of its agriculture, forestry, arts and commerce*. Londres, 1889; grand in-8°, illustré.

J. Conder, *The Theory of flower arrangement* (*Asiat. Soc. of Japan*, XVII, 1889).

M. Revon, *De arte florali apud Japonenses*...Parisiis, M DCCC XCVI; in-8°.

Du même, *Étude sur Hoksaï*. Paris, 1896; in-8°.

ministration, la législation, la constitution de la société ont au
contraire donné lieu à des travaux de grande importance, au
premier rang desquels il faut marquer : *Materials for the study
of private law in old Japan* [1] de M. J. H. Wigmore; *Feudal system
of Japan under the Tokugawa shōguns* [2], de M. J. H. Gubbins;
Staatliche and gesellschaftliche Organisation im alten Japan [3], du
Dr Florenz.

Toutes les études dont je viens de parler s'appuyent sur
l'histoire, à laquelle elles rendent en clarté le soutien qu'elles
en ont reçu. Pour l'histoire proprement dite, je trouve d'abord
les traductions des premiers monuments de l'antiquité japonaise, du *Ko zi ki* et du *Nihon gi* : la première, par M. Chamberlain, a été publiée dans les *Transactions of the Asiatic Society
of Japan* (X, supplément, 1883); le second ouvrage a été traduit d'un côté par M. Aston et a paru en deux volumes, comme
supplément aux *Transactions and proceedings of the Japan Society*
(Londres, in-8°, 1896; ce périodique paraît depuis 1893); une
autre traduction par le Dr Florenz est en cours de publication
dans les *Mittheilungen der deutschen Gesellschaft*, etc. Les trois
auteurs ne se sont pas contentés de résoudre les problèmes
que posait pour le sens même l'antiquité de la langue; mais
ils ont cherché, par des comparaisons avec les documents chinois et coréens, à faire œuvre de critique historique, et leurs
trois ouvrages seront désormais la base de tout travail sur l'ancienne histoire du Japon. On peut souhaiter de voir leurs méthodes appliquées bientôt aux autres monuments des anciens
âges; mais jusqu'ici, à part quelques bons instruments de travail, comme *Japanese chronological Tables* de W. Bramsen [4],

[1] *Asiatic Society of Japan*, XX, Supplément; 1892.
[2] Même recueil, XV, 1887.
[3] *Mitth. Deutsch. Ges.*, V, 44; 1890.
[4] Tokyo, 1880; in-4°.

et *Ancien Japon* de M. G. Appert[1], quelques études spéciales très précises de MM. Aston, Chamberlain et de plusieurs autres[2], les écrivains européens ont préféré se tenir dans des généralités ou se rapporter à des textes à demi romanesques. L'introduction du christianisme au Japon (1548), l'ambassade de 1585 en Italie, les persécutions du xviie siècle, l'expédition du commodore Perry (1853), l'ouverture du Japon aux étrangers et les faits qui ont suivi, ont été l'objet d'un grand nombre d'ouvrages et de mémoires intéressants [3]. Je n'oublie pas, parmi les sciences historiques, la numismatique, la bibliographie, le blason : bien des travaux ont été publiés; mais je ne puis signaler, faute de place, que le volume de Sir E. Satow, d'un travail si minutieux, plein de reproductions curieuses[4], et l'intéressante étude de M. de Milloué sur un coffre à trésor[5].

Sur la limite des sciences historiques, nous trouvons l'anthropologie : le Dr E. Baelz[6] avec les méthodes précises de la science moderne, l'abbé Évrard[7] avec sa connaissance profonde de la langue, ont apporté des documents intéressants; de nom-

[1] Tokyo, 1888; in-8°.

[2] W. G. Aston, *Early Japanese history* (*Asiatic Society of Japan*, XVI, 1888).

[3] Sans parler des documents du xvie et du xviie siècle, je cite au hasard :

Léon Pagès, *Histoire de la religion chrétienne au Japon depuis 1598 jusqu'à 1651.* Paris, 1869-1870, 2 vol. in-8°.

Sir E. Satow, *The Church at Yamaguchi from 1550-1586* (*Asiatic Society of Japan*, VIII, 1879).

Sir. R. Alcock, *The Capital of the Tycoon; A Narrative of three years residence in Japan.* Londres, 1863; 2 vol. in-8°.

Vice-amiral Layrle, *La Restauration impériale au Japon.* Paris, 1893; in-8°.

G. Berchet, *Le antiche ambasciate giapponesi in Italia.* Venezia, 1877; in-8°.

[4] *The Jesuit Mission Press in Japan, 1591-1610.* Privately printed, 1888; in-4°.

[5] *Coffre à trésor attribué au shogun Iyéyoshi,* par MM. L. de Milloué et S. Kawamoura. Paris, 1896; grand in-8°.

[6] *Körperliche Eigenschaften der Japaner* (*Mitth. Deutsch. Ges.*, III, 28; IV, 32; 1883-1885).

[7] *Les anciens Eta du Japon* (*Revue française du Japon*, II, 1893).

breuses questions de nosologie, d'hygiène, de médecine générale ont été traitées par le Dr Baelz, Geerts et autres, dans
différents recueils périodiques. La géologie du Japon, si riche
en minéraux de toutes espèces, la zoologie et la botanique de
cet empire qui s'étend du 50ᵉ degré de latitude Nord jusqu'au
tropique, et dont le climat si spécial a donné naissance à une
faune et à une flore très variées, ont dès longtemps attiré
l'attention des résidents; une branche des sciences naturelles,
la séismologie, a pris un développement particulier, marqué
par la publication des *Transactions of the seismological Society*
(1880-1892, 16 vol. in-8°; Yokohama) et du *Seismological Jour-*
nal (à partir de 1893, in-8°; Yokohama), ainsi que par les travaux du Prof. J. Milne. La météorologie s'est signalée par de
nombreuses observations.

Pour la géographie, je noterai seulement, avec le grand atlas
du Japon dû à M. Bruno Hassenstein [1] et renfermant les meilleures cartes européennes du pays, le volume de M. W. N.
Whitney [2] et celui de MM. Chamberlain et Mason [3] : le premier comprend diverses listes, rangées par ordre alphabétique,
de noms de localités en caractères et en transcription; il est
regrettable qu'aucun travail de ce genre n'existe pour la géographie ancienne, ni pour la géographie physique; le second,
un simple guide du voyageur au Japon, contient une foule de
renseignements précis sur tout ce qui peut intéresser celui qui
désire bien voir. Les voyageurs ne se comptent plus aujourd'hui
au Japon et beaucoup d'entre eux tiennent à nous faire part de
leurs impressions, sans paraître se douter que le Japon est

[1] Gotha, 1885.

[2] *A conciss Dictionary of the principal roads, chief towns and villages of Japan.*
Tokyo, 1889; in-12.

[3] *A Handbook for travellers in Japan.* Londres 1891 ; in-12 (série des *Murray's*
handbooks).

connu et que ce n'est généralement pas en quinze jours ou
même en trois mois de séjour, que l'on peut rassembler des
notes valant la peine d'être imprimées; mais si les récits de voyage récents manquent habituellement d'intérêt, il est des ex-
ceptions, lorsque l'auteur a su chercher dans les provinces
reculées des régions encore peu connues ou renouveler le sujet
par ses observations personnelles[1]. Les mêmes qualités d'ob-
servation rendent précieux des ouvrages généraux comme le
Japon de Bousquet[2], ou comme ces *Things Japanese*[3], où M.
Chamberlain passe en revue avec sa précision élégante un ensemble important de notions relatives au Japon d'aujourd'hui
et d'autrefois.

Quant aux anciennes relations et aux anciens ouvrages généraux, nous devons nous souvenir que leurs auteurs ont été les
premiers à faire connaître le Japon au prix de difficultés considéra-
bles; d'ailleurs ils sont encore d'un grand intérêt comme témoins
d'une époque disparue : des œuvres aussi consciencieuses que
celles de Kaempfer[4] et de Siebold[5] marquent dans l'histoire
de la découverte du monde; à côté d'eux, mais en second rang,

[1] T. W. Blakiston, *Japan in Yezo, 1862-1882.* Yokohama, 1883; in-folio.
F. V. Dickins and E. Satow, *Notes of a visit to Hachijo in 1878* (*Asiatic Society
of Japan,* VI, 1878).
P. Lowell, *Noto, an unexplored corner of Japan.* Boston, 1891; in-8°.
É. Guimet et F. Régamey, *Promenades japonaises.* Paris, 1878-1880; in-4°.

[2] G. Bousquet, *Le Japon de nos jours et les Échelles de l'Extrême-Orient.* Paris,
1877; 2 vol. in-8°.
A. Humbert, *Le Japon illustré.* Paris, 1870; 2 vol. in-4°.

[3] B. H. Chamberlain, *Things Japanese, being notes on various subjects connected
with Japan.* Londres, 1892; in-8°.

[4] E. Kaempfer, *The history of Japan with an account of the ancient and present
state and government... translated by J.-J. Scheuchzer.* Londres, 1727-1728; 2 vol.
in-folio.

[5] Ph. Fr. von Siebold, *Nippon. Archiv zur Beschreibung von Japan und dessen
Neben- und Schutzlaendern.* Leide, 1832-1852; in-folio.

il faut citer les noms de W. Adams [1], F. Caron [2], Dr Thunberg [3] et des missionnaires du xvie siècle; et il en faudrait rappeler beaucoup d'autres encore.

Yeso, l'une des quatre grandes îles de l'archipel japonais, se rattache à lui aux points de vue géographique, géologique, séismologique; les mêmes navigateurs et les mêmes voyageurs qui ont décrit le Japon ont reconnu les côtes de l'île septentrionale et exploré ses vallées montagneuses. Mais, pour la faune et la flore, Yeso se distingue nettement des régions méridionales de l'empire; le détroit de Tugaru sert de frontière à beaucoup d'espèces animales et végétales, qui sont confinées soit au sud, soit au nord. De même pour l'ethnographie, Yeso, dont le nom officiel est Hoku kai dau (le gouvernement a formé sous ce nom un territoire qui est administré comme une sorte de colonie), est, aujourd'hui du moins, un monde à part, habité par les Aïnos : cette race très primitive, étudiée principalement par MM. Chamberlain, J. Batchelor et par quelques voyageurs[4], occupait encore au vi^e siècle une grande partie de l'île principale; auparavant elle s'était étendue jusqu'à Kiu siu, si les conclusions tirées par M. Chamberlain de l'étude des noms

[1] W. Adams, *The original letters of the English pilot William Adams written from Japan between A. D. 1611 and 1617.* Yokohama, 1878; in-8°.

[2] F. Caron, *Beschryvinghe van het Machtigh Coninckrycke Japan... Gestelt in den jare 1636.* Amsterdam, 1648; in-4°.

[3] *Dr. Thunberg's dagverhaal eener reize naar Japan, Juni 1775-Mei 1776.* Amsterdam, 1781; in-8°.

[4] *Internationales Archiv für Ethnographie. Supplement zu Band IV...The Aïnos, by David Macritchie.* Leiden, Paris, New-York, 1892; in-4°.

The Ainu of Japan...by the Rev. John Batchelor. Londres, 1892; in-8°.

Aino Fairy tales ... by B. H. Chamberlain. Tokyo, s. d.; 3 petits cahiers in-18.

Alone with the hairy Ainus... by A. H. Savage Landor. Londres, 1893; grand in-8°.

géographiques[1] sont fondées; elle a été lentement repoussée et son aire d'habitat est limitée à Yeso, aux Kouriles et au sud de Sakhalin; peu civilisables, puisque mille ans de contact avec les Japonais ne les ont pas tirés de la sauvagerie primitive, les Aïnos n'ont laissé de leur présence au Japon d'autres traces qu'un mélange de sang dans le nord de Hon siu et un assez grand nombre de noms de localités; leur langue, tout à fait à part, bien qu'elle ait subi l'influence du japonais, a été étudiée surtout par le Dr Pfizmaier et par MM. Dobrotvorsky et Batchelor[2].

D'autres races, différentes et des Aïnos et des Japonais, ont sans doute habité jadis le sol du Japon; mais seuls l'anthropologiste et l'archéologue en trouvent aujourd'hui quelques vestiges[3]. C'est au contraire un peuple apparenté aux Japonais qui habite les îles Lieou khieou, dont la civilisation est mi-chinoise mi-japonaise, et qui, depuis vingt-cinq ans, font partie du territoire de l'Empire. Les Loutchouans ont été peu étudiés jusqu'ici; c'est seulement en 1895 que M. Chamberlain, après un séjour parmi eux, a fait paraître un remarquable travail, intitulé trop modestement : *Essay in aid of a Grammar and Dic-*

---

[1] *Memoirs of the Literature College, Imperial University of Japan. N° 1 : The language, mythology and geographical nomenclature of Japan, viewed in the light of Aino studies, by Basil Hall Chamberlain... including an Ainu Grammar by John Batchelor.* Tokyo, 1887; in-4°.

[2] *Dictionnaire aïno-russe de* M. M. Dobrotvorsky. Kazan, 1875; in-8°.

An Ainu-English-Japanese Dictionary and Grammar, by the Rev. John Bachelor Tokyo, 1889; in-8°.

[3] J. Milne, *Notes on the Koropokguru or Pit dwellers of Yezo and the Kurile islands (Asiatic Society of Japan,* X; 1882).

Ed. S. Morse, *Evidences of the cannibalism in a nation before the Ainos in Japan (Proceedings of the American Association for the advancement of science,* 1878).

E. T. Hamy, *Les négritos à Formose et dans l'archipel japonais (Bulletin de la Société anthropologique,* Paris; 1873).

tionary of the Luchuan language [1], et montrant entre ces insu-
laires et leurs voisins japonais une parenté linguistique des
plus proches. Bien que le loutchouan ne soit pas écrit et que
le chinois et le japonais soient les langues cultivées de l'archipel,
cependant les études loutchouanes paraissent ainsi destinées à
jeter un jour nouveau sur la langue et les antiquités japonaises.
M. L. Riess [2] nous apprend d'autre part que les Loutchouans
ont jadis occupé Formose, en partie tout au moins, et que
leurs descendants, sous le nom de Lonkjous, y ont été retrou-
vés par les Hollandais au xviie siècle; aujourd'hui l'île ne paraît
plus contenir, outre les Chinois, que des peuplades malaises
qui s'y sont établies dès le viie siècle.

Je donne ici en note les titres de quelques ouvrages relatifs
aux îles Lieou khieou et à Formose. [3]

Ainsi, dans l'aire géographique que je définissais au com-

---

[1] *Asiatic Society of Japan*, XXIII, supplément, 1895.

[2] *Geschichte der Insel Formosa* (*Mitth. Deutsch. Ges.*, VI, 59, 1897).

[3] B. H. Chamberlain, *On the manners and customs of the Loochooans* (*Asiatic Society of Japan*, XXI, 1893).

Hervey de Saint-Denis, *Sur Formose et sur les îles appelées en chinois Lieou kieou* (*Journal asiatique*, 1874, 1875).

Coronation of the king of Loochoo (*China Review*, vol. VII; Hongkong, 1878-1879).

Sir E. Satow, *Notes on Loochoo* (*Asiatic Society of Japan*, I, 1873).

S. W. Williams, *Journal of a mission to Lewchew in 1801* (*North China branch of the Royal Asiatic Society*, new series, VI, 1871).

Letters from B. J. Bettelheim, M. D., giving an account of his residence in Lewchew. Canton, 1852; in-8°.

Le P. Furet, *Les îles Loutchou* (*Revue orientale et américaine*, 1859).

F. G. Müller Beeck, *Geschichte der Liu kiu Inseln.* (*Berliner Gesellschaft für Anthropologie*, 1883).

C. Imbault-Huart, *L'île Formose, histoire et description.* Paris, 1893; in-4°.

H. Cordier, *Bibliographie des ouvrages relatifs à l'île Formose.* Chartres, 1893; in-4°.

mencement de ces notes et qui, s'arrondissant à travers la mer,
part du Kamtchatka et de l'embouchure de l'Amour, comprend
la péninsule coréenne et aboutit aux côtes du Fou kien, nous
trouvons à Formose, avec des Malais, des Lonkjous, c'est-à-
dire des Loutchouans; ceux-ci sont étroitement apparentés aux
Japonais; mais ce dernier peuple renferme, d'après plusieurs
auteurs, un élément malais, contesté cependant par de graves
autorités. L'une des races primitives de la Corée, celle dont la
langue survit dans le coréen moderne et qui, vraisemblable-
ment, forme le fond de la population, si elle n'était pas de
même souche que les Japonais (ce qui n'est pas prouvé), avait
cependant avec eux des ressemblances sensibles. Les Aïnos, qui
ont peuplé jadis une grande partie du Japon, parlent une
langue où quelques personnes ont trouvé des rapports avec le
coréen. Les Ghiliakes de l'embouchure de l'Amour ne sont peut-
être pas très différents des Aïnos. Et qui sait si, lorsque l'ethnographie de la Chine sera faite, on ne trouvera pas dans les
anciens éléments étrangers des côtes méridionales, éléments aujourd'hui submergés par les Chinois, des peuplades apparentées
à celles de Formose? Les faits que je viens de rappeler ne sont
pas également bien établis : du moins, il est permis d'affirmer
les affinités ethnographiques et linguistiques entre le Japon, la
Corée et les Lieou khieou : trois races parentes y ont reçu
une même civilisation, ces trois pays voisins ont formé histori-
quement une région à part dans le monde chinois. Les études
dont ils sont l'objet, sont donc voisines, atteignent par des méthodes parallèles à des résultats analogues; elles sont destinées
à se rapprocher et à s'éclairer mutuellement. Tel est le résultat
qui ressort des travaux faits jusqu'ici et telle est la dernière
conclusion que je veux tirer de ces notes.